# LE DEUIL

## DE LA

# POLOGNE

## PROTESTATIONS

### DE LA DÉMOCRATIE FRANÇAISE

### ET DU SOCIALISME UNIVERSEL,

PAR

## F. LAMENNAIS ET A. CONSTANT.

Ils ont partagé entre eux mes vêtements
et ont jeté ma robe au sort.    (JÉRÉMIE).

(La manifestation qui suit sera traduite dans toutes les langues
européennes et tirée à cinq cent mille exemplaires.)

(du NATIONAL.)

**Prix : 30 centimes.**

## PARIS.

**BALLAY AINÉ, ÉDITEUR,**

PASSAGE COLBERT, 16.

—

1847.

# DERNIER SOUPIR.

### Par Henri MULLOT (de la Lozère.)

Pologne, comme Christ tu gravis ton calvaire ;
Comme celle du Christ ta coupe fut amère ;
    Comme lui tu la bus d'un trait.
Les juifs du Nord, bourreaux accourus pour te vendre,
T'ont clouée à la croix et t'ont dit de descendre,
    Croyant qu'ainsi tout était fait.
Trois larrons attendant la fin du sacrifice,
Regardant le gibet, se sont dit : C'est justice,
    Comme elle le Christ a souffert.
Oui, mais le Christ avait une vierge Marie ;
Car aux mourants il faut une sainte qui prie,
    Il faut un ange à leur enfer.
Mais s'il n'est pas au bas de ta croix isolée,
Pour reposer tes yeux, de mère échevelée,
    Tu verras du moins une sœur,
La France, l'œil baissé, se frappant la poitrine.
La France, qui pouvait empêcher ta ruine ;
    Mais la *tête* enchaîna le cœur.
Pologne, revêts donc ta robe de martyre ;
Meurs, tu feras vibrer encor plus d'une lyre,
    Car tu vivras toujours pour nous.
Et si quelque Français foule jamais la pierre,
Dôme glacé des morts qui doit couvrir ta bierre,
    Ce ne sera qu'à deux genoux.
Va, nous y porterons tant de fleurs, tant de roses,
Et sur tes faits passés nous dirons tant de choses,
    Qu'un jour les générations
Diront en t'admirant : Oh ! ciel, qu'elle était belle !
Certes, si tout est vrai ce qu'on nous a dit d'elle,
    C'était la fleur des nations.
Mais tu ne mourras pas, Pologne bien aimée !
Tant de malheurs si grands et tant de renommée
    Ne tiendraient pas dans un cercueil.
Pour tomber, tu n'as pas encore atteint le faîte,
Et puis on trouve trop de lauriers sur ta tête
    Pour les flétrir en un linceul.
En vain sur l'aigle mort les rois scellent la pierre,
Plus fort qu'aux temps passés, reconstruisant son aire,
L'aigle des Jagellons couvera dans le sang,
Et des peuples naîtront de son généreux flanc.
En vain les trois vautours qui planent dans sa sphère,
Voudront ensevelir ses membres dans leur serre,
Moderne Prométhée, épuisant leur enfer,
Il renaîtra toujours sous leur ongle de fer.
Peuples, que faites-vous ? l'aigle blanc qui succombe
Aux dieux de Méternich va servir d'hécatombe ?

# LE
# DEUIL DE LA POLOGNE

## PROTESTATIONS

### DE LA DÉMOCRATIE FRANÇAISE
### ET DU SOCIALISME UNIVERSEL

**Par F. Lamennais et A. Constant.**

Ils ont partagé entre eux mes vêtements
et ont jeté ma robe au sort.   (JÉRÉMIE.)

**Prix : 30 centimes.**



## PARIS.

A. LE G.

**BALLAY AÎNÉ, ÉDITEUR,**

PASSAGE COLBERT, 16.

1847

1846

Imp. et lith. de M. Wiart, r. N.-D.-des-Victoires, 16.

# AVERTISSEMENT DE L'ÉDITEUR.

—

Au moment où les protestations s'élèvent de toutes parts contre les puissances du Nord qui se partagent les dépouilles de la Pologne, nous avons cru devoir réunir et publier ensemble les manifestes de deux hommes peut-être les plus avancés de l'époque et sortis tous deux du sein du clergé catholique ; l'un déjà vieux et couvert de gloire, l'autre jeune encore et peu soigneux de sa réputation, pourvu que l'humanité soit sauvée ; mais admirateur sincère du vieillard qui lui a ouvert la voie et dont il est appelé peut-être à continuer et à compléter la protestation religieuse et sociale.

Nous ne voulons en aucune manière établir de comparaison entre M. de Lamennais et M. A. Constant, et nous ne réunissons pas leurs deux noms pour supposer entre eux une égalité quelconque, mais les protestations de l'un et de l'autre nous ayant paru les deux pièces les plus remarquables parmi tant de publications sans couleurs qui affadissent la presse de nos jours, nous avons cru être à la fois utile et agréable aux amis de la Pologne et de la liberté en réunissant ces deux protestations et en les publiant ensemble, car nous sommes sympathiques à tous les hommes de progrès, et nous ne voyons pas pourquoi on séparerait les noms de ceux qu'un même dévouement doit réunir.

Lorsqu'il s'agit de protester contre la tyrannie aucune signature n'est sans gloire : c'est pourquoi nous ne craignons pas d'associer aussi notre nom, déjà signalé par les persécutions, à celui de deux écrivains dont nous publions ici les éloquentes et courageuses paroles.

AUGUSTE LE GALLOIS,
*Éditeur du Réveil de la Pologne*, etc.

Imp. et lith. de MAISTRASSE et WIART, r. N.-D.-des-Victoires, 16.

# DÉMOCRATIE EUROPÉENNE,

## LA DÉMOCRATIE FRANÇAISE.

—

Dernier débris d'un vaste empire qui fut longtemps le boulevart de la civilisation menacée par la barbarie musulmane, un seul point, échappé à l'odieuse rapine de trois puissances complices de l'assassinat d'un grand peuple, en rappelait encore le souvenir, comme ces croix funèbres érigées au lieu même où fut commis un meurtre.

Ce débris, il vient de disparaître ; cette croix, les assassins viennent de la renverser !

Au drapeau polonais qui, sous la garantie des stipulations les plus solennelles, flottait sur les murs de la cité des Jagellons, l'Autriche, cette même Autriche qui lui dut son salut dans un danger suprême, a substitué le sien, enhardie à ce nouveau crime par l'impunité des premiers et par un de ces contrats d'assistance mutuelle qui lient les brigands au fond de leurs cavernes.

Déjà toutes les clauses du traité de Vienne avaient été violées insolemment par la Russie ; déjà, de concert avec ses alliées, elle avait, selon leurs vues communes, consommé presque l'abolition de la nationalité polonaise ; et par quels moyens ! par des violences et des forfaits tels que l'histoire n'en offre aucun exemple, tels que peut-être un jour on refusera d'y croire.

Rappeler, même brièvement, ces scènes infernales dont trois souverains ont épouvanté le monde, nous entraînerait bien au-delà des bornes où nous devons nous renfermer.

Il faudrait suivre les bourreaux à travers le carnage, dans les muettes forteresses de la Prusse, les cachots ténébreux de l'Autriche, les déserts et les mines de Sibérie, sur les places publiques transformées en boucheries, dans l'intérieur de chaque famille pleurant l'exil ou la mort des siens, celle de la patrie, de la religion, forcée de renoncer même à la langue des ancêtres.

Il faudrait montrer un pouvoir qui ose se dire chrétien, poussant, par l'appât d'un salaire infâme, après l'avoir trompée, abrutie, une classe entière de ses sujets au massacre d'une autre classe, sans distinction d'âge ni de sexe.

— Il faudrait peindre l'incendie et le meurtre s'étendant sur tout un pays devenu, par un dessein prémédité de sa politique, une tombe immense !

— Il faudrait raconter qu'au nombre de ceux qui ont survécu à l'égorgement se trouvent plus de 300 malheureuses petites créatures au-dessous de trois ans, incapables de rendre compte d'elles-mêmes, sans pères, sans mères, sans parents connus, enfants trouvés dans le sang !

— La démocratie française juge qu'il est de son devoir de protester contre ces crimes exécrables, de protester contre tous les actes dont le but avoué, le but poursuivi avec autant de persévérance que d'audace, a été la fatale destruction de la Pologne, d'effacer jusqu'au nom de ce peuple, aussi glorieux qu'infortuné.

— Elle juge de son devoir de provoquer de semblables protestations de la part de tous ceux qui ne pensent pas que les nations soient une proie abandonnée à la violence, qui partagent, au dehors de la France, les principes sacrés de sa révolution, de tous ceux enfin qu'anime le sentiment de la justice et de l'humanité.

Qu'ils se lèvent dans leur force et leur résolution ferme,

irrévocable; qu'ils se lèvent tous ensemble, et que tous ensemble disent aux oppresseurs, à la tyrannie, quel que soit son nom, despotisme, aristocratie :

« Nous vous rendons grâce ! En déchirant le dernier voile dont vous vous enveloppiez, vous avez dissipé la dernière illusion des esprits trop confiants, ôté le dernier prétexte de lâche inaction aux timides et aux faibles, vous avez hâté votre ruine, la chute de votre règne détesté. Il existait des pactes sinistres, ce que vous appeliez des traités, à l'ombre desquels se cachaient vos complots contre la famille humaine destinée par vous à un esclavage éternel : vous avez déchiré ces traités. De droit positif, il n'en est plus, et le droit naturel, le droit imprescriptible qui garantit à chaque peuple, comme à chaque individu, sa vie propre, vous proclamez qu'il est nul pour vous : le droit de la force, voilà le seul que vous connaissiez. Que la force donc décide entre vous et nous. Dans l'orgueil insensé de votre puissance matérielle que nous ne craignons pas, parce que nous croyons à une autre puissance, à la puissance du droit véritable, à la puissance du devoir, vous déclarez la guerre à toutes les nations, à la société même, qui ne vit que par le devoir et le droit. Eh bien ! cette guerre, nous l'acceptons. La guerre, à ces conditions qui en font une guerre sainte, c'est pour nous la victoire : autrement, Dieu ne serait pas Dieu. Sans doute, il y aura des martyrs ; mais, sachez-le bien ! après la lutte, vous comparaîtrez, humbles alors, non devant un Szela et ses sanglants sicaires, mais devant la justice sociale, également intègre et inexorable. *Là seront les pleurs et les grincements de dents ;* et là aussi sera la joie pure que suscitera dans le cœur des peuples l'assurance d'un meilleur avenir. »

Démocrates de toutes les contrées, frères qu'unissent la même foi et les mêmes espérances, n'ayons plus qu'une même action qui ne se relâche jamais. Élevez, au milieu de l'Europe asservie, le signe de l'affranchissement. Qu'à sa vue les nations tressaillent, et, par un effort unanime, secouent les fers dont elles sont chargées. L'heure est venue pour chacun de remplir son devoir d'homme. Aujourd'hui le combat, demain le triomphe. Debout donc !

Au nom des deux comités du *National* et de *la Réforme*,

Les membres de la commission exécutive,

F. LAMENNAIS, — DE COURTAIS, — LEDRU-ROLLIN, — A. GUINARD, — GOUDCHAUX, — FERDINAND FLOCON, — ARMAND MARRAST.

(La manifestation précédente sera traduite dans toutes les langues européennes et tirée à cinq cent mille exemplaires.)

*(Extrait du National.)*

# PROTESTATION

DU

# SOCIALISME UNIVERSEL.

La force brutale vient de jeter un insolent défi au monde.

La nation héroïque qui faisait de son corps mutilé un rempart à l'Europe civilisée, la noble victime qui osait combattre seule pour des frères sans loyauté et sans courage, la Pologne est morte écartelée et crucifiée par les rois; mais, de peur qu'elle ne ressuscitât comme le Christ, ils n'ont pas voulu lui laisser même un tombeau !

Ainsi, ne pouvant exhumer toutes les victimes de la liberté, qui avaient espéré dormir du moins sur le sein de leur mère, et n'ayant pas assez de tombereaux funèbres pour traîner en exil tant de noble poussière, autrefois animée par des braves, ils ont violé la déplorable veuve dont ils avaient égorgé les enfants, ils ont apporté l'exil jusque dans la patrie de Sobieski et de Kosciusko, et de la terre du sommeil qui dérobait les ossements des martyrs à leur vengeance ils ont fait une terre étrangère, afin d'appesantir sur eux l'étouffement d'un sol esclave !

Ils ont assez méprisé l'Europe et le sénat des nations pour envoyer leurs bourreaux effacer un nom de la carte d'Europe et traîner aux gémonies le cadavre d'une sœur que les nations pleuraient.

Ils ont pensé que la France surtout, après avoir oublié la fraternité de la gloire et du malheur, ne se souviendrait pas non plus de la religion des tombeaux !

Nous l'avons mérité, et ils ont bien fait de nous traiter ainsi ! Intelligence, honneur, courage, nous avons tout sacrifié sur les autels infâmes de la peur ; nous avons mangé la chair et bu le sang de ceux qui mouraient pour nous, et nous n'avons su donner à leur mémoire que d'ironiques et impuissants regrets ! Race pourrie, mûre pour le glaive des justices divines et façonnée d'avance aux chaînes de toutes les servitudes, nous semblons, à force d'indifférence et de bassesse, défier l'insolence des rois, comme si nous espérions détourner leurs soufflets par la force du dégoût, en soumettant lâchement notre visage à toutes les souillures et à tous les crachats !

Eh bien ! noble terre de Pologne, ils ont bien fait d'effacer ton nom ; le véritable orgueil national s'attache aux souvenirs de gloire, et non aux frontières d'un pays ! La patrie est quelque chose de vivant et d'immortel que les braves peuvent emporter avec eux, même sur la terre de l'exil ! La Pologne, comme la France, sera toujours partout où pourra couler une goutte de sang libre et une larme généreuse. Une nation qui s'est vouée à la liberté ne saurait exister esclave ; elle est libre ou elle n'est plus ! Quant aux champs que les rois ont usurpé par la violence, qu'ils ont ensemencés avec les ossements de leurs victimes et arrosés du sang des orphelins et des veuves, ils font bien d'y mettre leur nom, afin de signer leur ouvrage ; ils font bien d'en changer l'écriteau, qui devient pour eux un pilori, puisqu'ils ont semé la mort et cultivé le meurtre ; il est juste que la récolte leur appartienne et que la moisson soit pour eux lorsqu'elle aura enfin mûri à force de sang et de larmes !

Taisez-vous, organes impuissants d'une prétendue démocratie ! laissez parler la France ! et si la France ne dit rien, vous n'avez pas besoin d'aller jusqu'en Pologne pour chercher le tombeau d'une grande nation ! Obéissez à ceux qui se taisent, courbez la tête sous le joug que vous avez accepté, et plaignez-vous seulement de ce que la France garde encore son nom comme un reproche après avoir perdu sa dignité nationale et son amour de la liberté !

Retirez-vous, votre œuvre est finie, et ce n'est pas votre voix sans écho qui réveillera les morts ! — Debout ! s'est écrié en vain le noble auteur des *Parole d'un croyant*, et ceux qui ne croient plus sont restés couchés dans leur avilissement et

dans leur inertie! Vieillard, lui répondra l'aristocratie financière, quelle spéculation proposes-tu pour vouloir qu'on
t'écoute? combien peut-on gagner en protestant contre le
meurtre des nations? l'Autriche et la Russie ont-elles des dépouilles polonaises à vendre, et veux-tu nous les faire ad-
juger au rabais? Que les journalistes s'affligent et s'indi-
gnent de l'anéantissement du nom polonais, nous pouvons le
concevoir, ils y perdent des souscriptions et des dîners : or
ils aimeraient à toucher de l'argent pour la Pologne et à
dîner, toujours pour la Pologne! Mais, en dehors de cela,
que peut faire à la France industrielle la nouvelle décision
des souverains du Nord? *(Voir la note qui est à la fin.)*

— C'est aux peuples qu'il appartient de pleurer sur un
peuple et d'en embrasser la cause trahie! Mais l'heure du
réveil des peuples n'a pas encore sonné. Toutefois, sachez le
bien, Cracovie est morte, non pour les théories de M. Thiers
ou de M. Barrot, non pour la république des Thersite du *National* et des Irus de *la Réforme,* mais pour la grande et
sainte idée universelle et sociale, pour la réorganisation
évangélique de la propriété, pour l'anéantissement du vol,
pour la confusion des égoïstes et des exploiteurs! Qu'ils ne
viennent donc pas insulter à sa mémoire ceux qui brocan-
tent des guenilles républicaines et qui exploitent au profit de
leur profonde immoralité les convictions des hommes purs et
naïfs! Qu'est-ce donc que ces gens-là peuvent avoir de commun avec les martyrs de Cracovie? Arrière les boutiquiers!
place aux parias des nations qui pleurent la nation-paria!

Non, vous dis-je, la France financière (et vous en faites
partie), la France financière et propriétaire ne s'affligera jamais sincèrement de l'anéantissement de la république de
Cracovie! Saint-Just proposait de ruiner Lyon de fond en
comble et d'élever à sa place une colonne avec cette in-
scription : « *Lyon fit la guerre à la liberté, Lyon n'est plus.* »
En ce temps-là on adorait la liberté; mais depuis, grâce aux
prétendus conservateurs, le monde a bien changé d'idole!...
Courage donc, propriétaires français! donnez la main à ceux
de l'Autriche et de la Russie, et votez tous ensemble une
nouvelle colonne expiatoire sur laquelle vous écrirez : « *Cracovie fit la guerre à la propriété, Cracovie n'est plus!* »

Eh! que nous importent à nous les traités de 1815? les
baïonnettes de juillet ne les avaient-elles pas déchirés? que

les puissances maintenant les observent ou les méprisent, c'est leur affaire, et les rois ont raison s'ils sont les plus forts. Entre les peuples et les rois il n'y a pas d'autre médiateur possible que la force. Le peuple n'est pas prêt : il n'est pas assez instruit, il n'a peut-être pas assez souffert! Il n'a pas encore assez la conscience de sa force et l'amour des principes régénérateurs ; il attend et il se prépare ; mais il ne fraternise pas pour cela avec ses ennemis : que les rois se montrent donc injustes, violents, oppresseurs, c'est leur métier; qu'ils se partagent la terre comme des voleurs, ils peuvent croire que c'est leur droit; mais le peuple se détourne pour ne pas les voir, et il attend que son heure sonne; les rois pensent le tenir captif, et c'est lui qui les tient et qui les surveille ; quand le fruit de colère sera mûr, il saura bien les trouver pour leur en faire avaler le sucre amer. Il n'a rien à leur dire : tout est dit, tout est jugé entre eux et lui ; quelques attentats de plus de la part de ces misérables justifieront davantage ses vengeances et n'augmenteront guère la masse de leurs iniquités. Et comment voulez-vous qu'il proteste par de vaines paroles quand la question tout entière est remise au libre arbitre de la force brutale? Il n'aura rien à dire tant qu'il n'aura pas des gueules de bronze pour crier et des foudres pour interprètes !

Ainsi donc, c'est au nom de la cause sociale, et non comme mandataires du peuple, que nous protestons contre les protestations intéressées des partis. A nous n'appartiennent pas les démonstrations vaines et les menaces sans effet : nous croyons en l'avenir, parce que nous croyons au règne de l'intelligence et à son triomphe certain sur le matérialisme brutal. Nous nous abstenons de parler quand les paroles sont inutiles, et nous avons à dégoût le don-quichottisme de la presse, qui pense avoir accompli toute justice lorsqu'elle s'endort dans la servitude après quelques vaines démonstrations de patriotisme dont rient de pitié les oppresseurs et leurs bourreaux. Nous voulons seulement constater et proclamer hautement une vérité terrible : c'est que la guerre est déclarée entre la force brutale et la liberté ; c'est que les rois sont les agresseurs ; c'est que les valets de la propriété sont les complices des rois et les apostats de toute nationalité, de toute idée régénératrice et de toute gloire ; c'est que la cause populaire, partout opprimée, ne peut avoir que l'avenir pour avocat et pour vengeur; — c'est que la haine irréconciliable et mortelle va seule être l'arbitre du grand différent humanitaire; c'est que la guerre sociale a commencé et doit durer jusqu'à l'extermination de l'un ou de l'autre parti; c'est enfin que toutes les armes sont bonnes et tous les moyens légitimes pour punir les bourreaux de l'humanité, et que la croisade des parias contre les étouffeurs est prêchée par toute la terre.

A vous donc maintenant, exilés du monde entier, Polonais de tous les pays, à vous nos vœux et notre appui! Vous tous qui n'avez pas de patrie, vous êtes les enfants de la Pologne éteinte! la Pologne est devenue maintenant le symbole du martyr. Ce n'est plus une nation, parce que c'est une gloire universelle! Ils l'ont effacée de la terre, afin qu'elle fût au ciel l'étoile des proscrits! Les oppresseurs vous ont refusé un coin de terre pour patrie, et ils ont usurpé les derniers arpents du champ de vos aïeux : rentrez donc en possession du monde entier qui est à vous! car, pour l'homme libre, la terre est libre tant qu'il peut y combattre et y mourir! La terre n'appartient pas aux rois depuis que la liberté l'a visitée : à eux seuls donc l'isolement et le désespoir de l'exil!

La Pologne est française, la France est polonaise; mais ni la Pologne, ni la France, ne tiennent à tel ou tel coin de terre sali par les orgies du pouvoir! La France, c'est la lumière! la France, c'est la vie! la France, c'est la liberté! et la Pologne transfigurée palpite sur le cœur de la France! — Retenez donc la pensée humanitaire dans son essor! stygmatisez donc le progrès d'un cachet aux armes de l'Autriche, misérables et impuissants! Vous pouvez bien sceller le sépulcre du Christ assassiné, mais vous n'empêcherez pas le Verbe triomphant de sortir avec splendeur de la tombe quand viendra le troisième jour! En attendant cette heure du salut, nous déclarons au nom du socialisme universel :

## I.

Que les empereurs de Russie et d'Autriche, ainsi que tous leurs complices et ceux qui les approuvent, et ceux qui ne protestent pas contre leurs attentats, sont excommuniés et mis hors de l'humanité.

## II.

Que les prolétaires sont en deuil de Cracovie, et s'engagent à vivre et à mourir pour le triomphe de l'idée sociale, assassinée en Pologne.

### III.

Que la grande association humanitaire des Polonais est constituée, et que les proscrits ont droit d'asile par toute la terre chez les hommes de foi et d'avenir.

### IV.

Que tous les hommes non sympathiques à la cause des Polonais sont déclarés infâmes.

Nous ne craignons pas de proclamer ces quatre articles en présence des peuples, et nous n'avons pas peur qu'ils nous démentent ou qu'ils refusent d'y adhérer. Du reste, l'agression n'est pas finie, et l'on forcera bientôt tous les hommes à se déclarer pour ou contre les idées sociales. Le brigandage exercé à Cracovie ne s'arrêtera pas là. La Suisse bientôt sera citée au jugement des autocrates pour avoir à répondre de ses idées libérales, et devra payer à l'Autriche l'arriéré de Guillaume Tell. Les rois ont à cœur depuis longtemps de réhabiliter Gessler ! Le bonnet de la liberté redeviendra sans doute le chapeau de la servitude au bout de la pique féodale, et les incendies de l'invasion impériale répondront enfin à ces feux qui répétaient de montagne en montagne les signaux de la délivrance.

Malheur d'abord à la Suisse de Guillaume Tell, puis malheur à l'Italie de Rienzi ! Malheur au nouveau pape, s'il est vrai qu'il ne soit pas un nouveau complice de l'apostasie de Saint-Pierre et qu'il veuille entrer franchement dans les voies de la réforme et du progrès ! qu'il se hâte donc, au nom de l'unité catholique, d'unir sa voix à la nôtre et d'excommunier ceux que l'humanité réprouve ! qu'il proclame hautement la liberté des consciences, et que lui-même, une croix à la main, il parcourre le monde en prêchant la guerre sainte !

Que tous les chrétiens se souviennent des prophéties qui annonçaient la formation de l'empire universel de l'antechrist... C'était environ deux mille ans après la mort du Sauveur que devait se révéler la puissance de l'impie. L'antechrist devait venir du Nord pour opprimer le monde entier. Le temps serait-il venu où cette prophétie va s'accomplir? A cette époque aussi, la charité devait être refroidie sur la terre et la foi presque éteinte : car la foi n'est que la lumière de la charité, comme la charité est la chaleur de la foi. Tous les hommes devaient, pour vendre ou pour acheter, porter sur le front ou sur la main le signe de la bête... Or, dites-moi, vous tous qui ne croyez pas aux prophéties, mais qui connaissez notre malheureuse époque, si les temps marqués par l'apôtre ne sont pas arrivés ?

Que la trompette du dernier jugement retentisse donc pour réveiller les morts, puisque les hommes prétendus vivants sont plus sourds et plus froids que des cadavres ! Levez-vous, légion de la Bohême, vieux compagnons de Jean Zisca ! que les martyrs de la liberté de la conscience soulèvent leurs ossements brûlés, et que les yeux creux de leur tête décharnée et blanchie lancent contre les nouveaux tyrans les flammes de leurs anciens bûchers ; que le squelette terrible de Jean Zisca apparaisse debout sur des montagnes de fumée et rappelle ses recrues au bruit de son funèbre tambour !

Que l'ombre de Thomas Munzer réveille enfin l'Allemagne assoupie ! que la terre vomisse encore des noires légions de travailleurs infernaux armés de leurs masses de fer ! la guerre des paysans a racommencé : l'Autriche, dans son aveuglement, n'a-t-elle pas soulevé les serfs de la Gallicie pour leur faire égorger leurs seigneurs et incendier leurs châteaux ? Qu'elle soit elle-même dévorée par les feux qu'elle allume ! La Pologne des nobles et des seigneurs n'est plus... périssent ainsi toutes les nationalités basées sur l'aristocratie ! et que les prolétaires, à leur tour, invoquant le droit du plus fort, refassent la carte du monde !

Peuples de la terre, vous êtes enveloppés dans la trame immense d'une honteuse conspiration ! Les rois ennemis de la liberté se sont coalisés pour vous endormir, vous surprendre et vous enchaîner pendant votre sommeil ! Ils ont découragé tous vos élans, dégoûté toutes vos espérances, refroidi vos enthousiasmes, afin que chez vous l'âme se taise et laisse parler uniquement les instincts de la brute qu'on intimide avec la verge ou qu'on allèche avec la pâture. Rampez donc et feignez de dormir, vous tous qui avez peur ! Chiens couchants du pouvoir, vautrez-vous aux pieds de vos maîtres ! déjà le pacte de la servitude est arrêté entre eux et vous ! — Étrangers sur le sol natal, vous tous qui étiez les enfants

— 14 —

d'une terre libre, vous forcez la patrie à s'exiler : puis vous vous étonnez si le propriétaire insolent de vos villes y plante son drapeau ! Habitants de Cracovie, aviez-vous donc oublié l'héroïsme des Scythes modernes ? Ne saviez-vous pas comment on soustrait les cités à l'invasion ? Les simples toits d'une république sont-ils plus difficiles à incendier que le Kremlin, et aviez-vous compté sur la clémence des vainqueurs ?

Sachez-le bien maintenant, vous, les derniers soldats de la liberté, exilés de toute la terre : la guerre sociale qui commence doit être sans capitulation et sans merci ! Que celui-là se cache et soit esclave qui ne se sent pas le courage de se brûler avec sa femme et ses enfants dans sa propre maison plutôt que de se rendre ! Que celui-là craigne de toucher les armes qui, entouré par les satellites de la tyrannie, craindrait de leur jeter lui-même au visage son sang et ses entrailles comme le vieux Razias ! Ceux qui osent s'armer du glaive de Brutus doivent garder près de leur poitrine le poignard de Caton pour s'assurer du moins, en cas de défaite, l'impunité de leurs vertus !

La guerre sociale n'épargnera ni le sexe ni l'âge. Que les femmes marchent donc dans nos rangs avec leurs enfants dans leurs bras ! Mais déjà elles comprennent leur mission sublime ! C'est le cœur de la femme qui doit réchauffer le monde ; la femme, cette créature divine parce qu'elle est mère ; la femme, cet ange d'amour et de poésie qui doit régénérer la religion en donnant la liberté au monde ! la mère de l'humanité, qui a mérité aussi d'être appelée la mère de Dieu !

Que tous les amis de la liberté se mettent à l'œuvre dans tous les pays du monde ! Que la propagande pacifique se fasse où ne pourra se faire la propagande armée. Que tout homme soit un apôtre. Que la protestation prenne toutes les formes. Que pas une de nos paroles ne soit perdue pour la sainte cause. Que toutes nos actions soient dirigées vers ce but sublime. Que le feu du prosélytisme envahisse toutes les âmes ! Le despotisme compte ses soldats et ses bourreaux, que la liberté connaisse aussi ses amis et ses vengeurs ! Mais ne vous ralliez pas à la bannière des factions impuissantes de nos jours, et reniez toute fraternité avec une presse vénale et oppressive du progrès populaire ! Que votre drapeau universel porte pour devise ce programme vraiment social :

Fraternité universelle de tous les peuples et de tous les hommes !

Liberté de conscience pour tous et répression de ceux qui veulent régner au nom d'un Dieu de paix en lui prêtant leurs haines et leurs fureurs.

Liberté pour les femmes, et abolition de tous droits de propriété sur les individus.

Protection égale de la loi pour tous. Que le travail soit pour tous un droit et un devoir.

Abolition de la misère par la garantie du minimum de subsistance aux faibles et aux infirmes.

Droit d'association pour les travailleurs. Établissement d'une taxe sur les grandes fortunes, destinée à assurer le minimum des pauvres.

Modification du droit de propriété par les devoirs de la solidarité humaine, et consécration légale de la *dette fraternelle*, par laquelle tout homme a le droit de vivre.

Constitution d'un gouvernement *vraiment représentatif* par la réforme électorale.

Voilà ce que demandent les peuples du monde pour constituer enfin la vraie église catholique, l'association universelle ! Voilà au nom de quels principes nous protestons à notre tour après les représentants de la démocratie française !

Que l'illustre vieillard, premier signataire du manifeste démocratique nous pardonne d'avoir allié à son nom un nom moins connu et moins glorieux ! Ce n'est pas au nom de sa propre gloire qu'il proteste, et nous ne nous associons à lui que dans son amour de l'humanité. Nous aimons l'auteur des *Paroles d'un Croyant*, et nous regrettons que, dans la candeur de son âme, il ait cru devoir affaiblir ce poëme divin de la révolution religieuse et sociale ; mais quoi qu'en puisse dire ceux qui veulent exploiter sa gloire, l'abbé de la Mennais ne saurait être le représentant d'un parti ; il appartient aux pauvres et aux opprimés, comme le Christ, et sa parole doit rester humanitaire et populaire comme l'Évangile. Qu'il se défie donc et qu'il se sépare des judas de la popularité, qui tant de fois déjà l'ont abandonné et trahi !

Ne travaillons pas pour des hommes, luttons et mourons s'il le faut pour l'humanité tout entière ! Les grands fléaux de Dieu visitent le monde : ce sont les laboureurs qui préparent les nouvelles semailles ; la voix de la famine s'élève

de nos grandes cités : c'est la trompette de l'ange extermina-
teur qui annonce une époque nouvelle ! Quand le Christ ex-
pira, le ciel se voila de ténèbres, la terre trembla et les tombeaux s'ouvrirent. La Pologne est le christ des nations ; elle
vient d'expirer, et le monde entier s'est couvert d'un crêpe
de deuil : le ciel n'a plus d'étoiles, l'horizon noir n'est éclairé
que par des lueurs d'incendie, la terre s'agite d'un frisson,
avant-coureur d'une commotion universelle, et bientôt les
tombeaux où les rois ont enfermé les nations s'ouvriront
devant leurs gardiens pâles d'épouvante, et laisseront échap-
per leurs morts !...                        A. Constant.

## NOTE DE L'ÉDITEUR A. L. G.

On lit dans la Préface de la 1<sup>re</sup> et 2<sup>me</sup> édition de l'union ouvrière de
feu M<sup>me</sup> Flora Tristan, auteur de l'*Émancipation de la femme*, etc., etc.

A en juger d'après la *réputation établie*, le livre de l'union-ouvrière
ne devait-il pas être édité par le *seul éditeur populaire* qui nous reste.

En effet, tout le monde me disait : M. Pagnerre est le seul éditeur qui
puisse se charger de votre ouvrage. — Je pensais à ce sujet comme tout
le monde. Aussi je m'adressai sans hésiter à M. Pagnerre; je lui envoyai
une partie de mon manuscrit (les trois premiers chapitres), en lui disant
que le livre de l'union-ouvrière, par son esprit, son but, sa spécialité,
*lui appartenait de droit.* — Voici la réponse de M. Pagnerre :

> *Madame,*
>
> *J'ai l'honneur de vous adresser les épreuves que vous avez bien voulu me
> confier; je regrette que les opérations auxquelles je suis obligé de donner
> mon temps et tous mes soins ne me permettent pas de concourir à la pu-
> blication de votre travail.*                  *PAGNERRE.*

Si M. Pagnerre, l'éditeur des *Lions de la démocratie*, l'éditeur *populaire*
par excellence, refusait de publier le livre de l'union-ouvrière, il ne me
restait plus d'espérance de trouver un autre éditeur qui voulût se charger
de cette publication. — Cependant, comme il m'en fallait un, je m'a-
dressai successivement à trois ou quatre. — *Tous* me renvoyaient à
M. Pagnerre, me disant : — « Lui *seul* peut éditer *ce genre d'ouvrage*,
parce qu'il entre dans la *spécialité* qu'il a adoptée. »

J'ai plusieurs raisons pour rappeler ce fait : ce refus renferme un grand
enseignement; il prouve combien souvent sont fausses *les réputations éta-
blies.* — Dans cent ans, ceux qui écriront le règne de Louis-Philippe pré-
senteront M. Pagnerre comme étant l'*éditeur populaire de l'époque.*

Pauvre peuple ! aujourd'hui il n'a pas même un *seul éditeur* qui con-
sente à publier un petit livre dont le but est de *défendre* les intérêts de
la classe ouvrière (sauf Aug. Le Gallois, qui fuit les lâches et rit des
diffamateurs qui l'ont envoyé en prison et veulent encore l'étouffer.)

Il ressort aussi de ce refus un autre enseignement : — C'est que, plus
que jamais, l'intelligence est *subordonnée* aux moyens purement matériels.

Comment expliquer cela ?

Que chacun l'interprète comme il lui conviendra : je me borne, pour
le moment, à constater le fait.

Ce n'est pas ici la place de raconter combien ces réceptions froides,
sèches et tout-à-fait *anti-fraternelles*, m'ont causé de cuisantes douleurs;
combien de fois, en sortant de chez ces *amis du peuple*, qui ont toujours
le grand mot *fraternité* au bout de leur plume, des larmes d'indignation
ont brûlé mes joues !

Pauvre peuple !..... tes soi-disant *amis se servent de toi.....* au
fond aucun d'eux n'a réellement l'intention de *te servir.*

Chaque goutte de sang, chaque déchirement
A produit sur la terre un long tressaillement.
Nous approchons du jour où, déposant nos chaînes,
Nous lèverons nos bras, fiers d'assouvir nos haines.
C'est alors que frappant sans trève et sans remords,
De l'un à l'autre ciel nous vengerons les morts;
C'est alors que, guidés par l'étoile mystique,
Nous irons adorer notre dieu politique,
Et tous prêtant serment sur un autel commun,
Nous saurons dire aux rois : Les peuples ne font qu'un;
Vous pouvez à loisir effacer les royaumes,
Renverser les états, mais pour changer les hommes
Il faudrait être Dieu, vous n'êtes que des rois
Qu'un peuple chaque jour peut clouer à la croix,
Et, comme des bandits privés de sépulture,
Vous laisser en plein vent dévorer par l'injure.
Sans doute, vous pouvez; mais sachez bien qu'un jour
Les peuples patients peuvent prendre leur tour;
Prenez garde qu'enfin l'homme de Saint-Hélène,
Se souvenant de vous et du traité de Vienne,
Ne se lève, et lâchant ses aigles vers le Nord
Pour la seconde fois ne vous effraie encor.
Mais non, sous ses lauriers l'ombre sainte repose,
Dans la poudre des camps sa paupière s'est close;
Qu'il dorme, nous allons brûler sur son autel
Un encens précieux et digne de son ciel.
Empereur! nous voulons t'offrir une hécatombe,
Un monde fossoyeur va creuser cette tombe;
Le cadavre géant dans ce cratère ouvert
Pourra communiquer jusqu'au troisième enfer.
Ainsi donc que chacun ressaisisse les armes
Et joyeux de mourir laisse tarir ses larmes,
Car il est par le monde un nombre de douleurs
Que l'on ne guérit point par le baume des pleurs;
Le temps même, impuissant à les rendre moins dures,
Les porte sur son aile aux nations futures,
Qui toutes, s'effrayant, disent : Tout est fini,
*Eli! Eli! Eli! lamma sabachtani!*
Eh bien, dans ce moment de crise populaire,
Il faut se redresser dans toute sa colère,
Et tous tribuns d'un jour, descendant au forum,
Choisir pour ralliment un autre labarum
Où chaque peuple lise en traits ineffaçables :
Les nations sont là debout impérissables,
Les peuples sont unis sur un commun autel,
Leur prêtre c'est le Droit, le Droit est éternel.
Ainsi, quand vient le jour des pâques populaires,
Dans leur communion retrempant leurs colères,
S'ils meurent pour un droit chèrement acheté,
Du moins ils seront tous morts pour la liberté.